신나는 북경 중국어 ①

한국경기중등 중국어연구회 지음
김　뢰 외 4명 감수

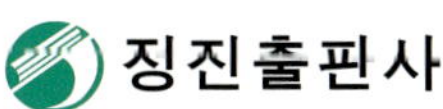 징진출판사

〈신나는 북경중국어〉를 펴내면서

세계는 국가 간의 장벽이 무너지고 이미 공동화된 지구촌의 양상이 되어가고 있습니다. 〈신나는 북경중국어〉는 이러한 현실을 인식하고, 자라나는 2세들에게 중국어로 의사 소통을 할 수 있도록 한다는 시대적 소명감을 가지고 한국경기중등 중국어 교육연구회의 여러 선생님들이 집필진이 되어 만든 중국어 지침서입니다.

본 교재는 현직 고등학교 중국어 선생님들이 현장에서 얻은 경험을 토대로 가장 쉽게 중국어와 친해질 수 있도록 하였으며, 다섯 분의 원어민 중국어 선생님들의 감수로 정확하고 현장감 있는 중국어를 배울 수 있도록 하였습니다. 또한 중국어를 처음 접하는 학생들의 생경함과 의문점을 손쉽게 해결해 주고, 근원적 문제 해결의 방법을 제시했습니다. 학습자는 보고, 듣고, 쓰고, 읽고, 노래를 부르면서 저절로 중국어와 친해지고, 아울러 자연스럽게 중국문화를 이해하게 될 것입니다. 본 교재는 기존의 학습서와는 전혀 다른 새로운 패러다임과 입체적이며 생동감 있는 중국어로 다가갈 것입니다.

본 교재는

1. 중국어를 처음 시작하는 초학자의 독학 교재로
2. 학교 현장에서 특기 적성 교재로
3. 학원에서 기초 중국어 교재로

다양하게 활용할 수 있을 것입니다.

1992년 한·중 수교 이후 정치·경제·사회·문화, 다방면에서 교류와 협력이 지속적으로 진행되고 있습니다. 따라서 꾸준히 증가하는 물적, 인적 교류에 능동적으로 대처하기 위하여 많은 중국어 전문 인력이 필요하며, 앞으로도 이러한 수요는 계속 증가하리라고 봅니다. 부디 본 교재를 통하여 중국문화를 바르게 이해하고 중국어로 의사 소통을 할 수 있는 기초 능력을 길러 장차 학술 연구와 업무 수행에 창의적으로 대처할 수 있는 인재들이 많이 배출되기를 소망합니다. 끝으로 본 교재 출판을 위해 수고하신 중국 요녕성에서 경기지역에 파견 오신 다섯 분의 원어민 선생님들, 경중연의 중국어 선생님들, 그리고 정진출판사 박해성 사장님과 상무님, 박주홍 님께 깊은 감사의 말씀을 드립니다.

한국경기중등 중국어교육연구회

[차 례]

contents

● **머리말** / 3

● **중국어의 발음과 성조** / 6

1 인사는 어떻게 할까요? 15

불러 볼까요?　　　　　〈数一数〉
중국을 알아볼까요?　　　중국인의 인사습관

2 소개는 어떻게 할까요? 25

불러 볼까요?　　　　　〈小老鼠〉
중국을 알아볼까요?　　　중국 소개

3 이것은 저의 선물입니다. 35

불러 볼까요?　　　　　〈祝你生日快乐〉
중국을 알아볼까요?　　　중국인의 선물습관

4 우리집엔 네 식구가 있어요. 45

불러 볼까요?　　　　　〈吃葡萄,四是四〉
중국을 알아볼까요?　　　가족 호칭

5 오늘은 몇 월 며칠인가요? 55

불러 볼까요?　　　　　〈世上只有妈妈好〉

contents

6　시간은 어떻게 물어볼까요?　　　65

　　불러 볼까요?　　　　　　〈白塔〉
　　중국을 알아볼까요?　　　태극권

7　날씨에 대해서 알아볼까요?　　　75

　　불러 볼까요?　　　　　　〈瓦打马〉
　　중국을 알아볼까요?　　　중국의 민족구성

8　전화는 어떻게 할까요?　　　85

　　불러 볼까요?　　　　　　〈高山青〉
　　중국을 알아볼까요?　　　전화걸기

9　천안문은 어떻게 가나요?　　　97

　　불러 볼까요?　　　　　　〈甜蜜蜜〉

10　우리 몸에 대해 말해봅시다.　　　107

　　불리 볼끼요?　　　　　　〈甜蜜的家庭〉

중국어의 발음과 성조

1. 중국어는 어떻게 읽을까요?

● 중국어는…

중국에는 한족(汉族) 외에 55개의 소수민족이 생활하고 있다. 한족은 13억에 달하는 중국 총인구의 94%를 차지하고 있다. 일반적으로 말하는 중국어는 중국 인구의 대부분을 차지하는 한족의 언어이다. 그래서 중국에서는 자신들의 국어(國語)인 중국어를 한족의 언어라는 뜻으로 '한어(汉语)'라고 부른다. 汉语 외에 '中国话', '中文'이라는 말도 사용하고 있지만 엄밀히 말하면 '汉语'가 가장 알맞는 표현이다. 한어는 세계에서 사용 인구가 가장 많은 언어로 많은 국가에서 공용어로 쓰고 있다.

● 한어병음은 무엇일까요?

중국어는 뜻글자이기 때문에 글자만 보아서는 그 발음이 어떤지를 알 수 없다. 따라서 중국에서는 예로부터 발음을 표시하는 방법을 여러 가지로 고안해서 써왔다. 대표적인 것으로 한어병음법(汉语拼音法)과 주음부호(注音符号)가 있는데 오늘날 중국에서 사용하고 있는 것은 한어병음법이다. 한어병음법은 한자의 발음을 로마자로 표기하고 그 위에 사성부호를 붙이는 방식이다.

주음부호는 한자의 형(形)을 부호화해서 만든 것으로, 현재 대만에서 사용하고 있다. 이 책에서는 중국 본토의 발음 표시법인 한어병음법으로 표기했다.

한어병음의 발음부호는 크게 모음(운모라고도 함)과 자음(성모라고도 함)으로 이루어져 있다.

2.중국어의 자음과 모음

1 자음 : 성모(声母)

　음절(音节)에 있어 자음(字音)의 첫소리 부분을 성모(声母)라 하는데 21개로 되어 있다.

●**성모표(声母表)**

b	bo	g	ge	zh	zhi
p	po	k	ke	ch	chi
m	mo	h	he	sh	shi
f	fo	j	ji	r	ri
d	de	q	qi	z	zi
t	te	x	xi	c	ci
n	ne			s	si
l	le				

　앞에서　소개한 21개의 자음 중 'zh, ch, sh, r, z, c, s'를 제외하고는 단음으로, 즉 독립적으로 음을 나타낼 수 없으며 반드시 모음에 붙어서 음이 낸다.

1. 쌍순음(双唇音)

b. p. m　　아래위 두 입술을 다물었다가 떼면서 내는 소리이다.

bàba	bēizi
아버지	잔
píngguǒ	pīngpāngqiú
사과	탁구
māma	měilì
어머니	아름답다

2. 순치음(唇齒音)

f　　윗니로 아랫입술을 가볍게 갖다 대고 그 사이로 숨을
　　내쉬면서 마찰시켜 내는 소리로 영어의 [f] 음과 같다.

fēicháng	fēng
대단히	바람

3. 설첨음(舌尖音)

d. t. n. l　　혀끝을 윗잇몸에 붙이고 있다가 떼면서 음을 낸다.

dàjiā	dōngxi
모두들	물건
tàiyáng	tèbié
태양	특별히
nán běi	nánrén
남북	남자
lái	lèi
오다	피곤하다

4. 설근음(舌根音)

g. k. h　　혀뿌리를 여린입천장에 붙였다가 떼면서 음을 낸다.

gēge	gānbēi
형/오빠	건배
kàn bào	kāfēi
신문을 보다	커피
Hánguó	hàomǎ
한국	번호

5. 설면음(舌面音)

j. q. x 혓바닥을 올려 굳은입천장에 가볍게 붙였다가 살짝 떼
면서, 혹은 거의 붙을 듯이 하여 숨을 내쉬며 음을 낸다.

jiějie 언니/누나	jiǔyǎng 말씀 많이 들었습니다.
qǐng kè 한턱 내다	qǐng wèn 말씀 좀 묻겠습니다.
xièxie 감사하다	xǐhuan 좋아하다

6. 권설음(卷舌音)

zh. ch. sh.
r 허끝을 안으로 말아 올려 굳은입천장에 가볍게 닿게 한
뒤 약간만 떼면서 사이로 숨을 내쉬며 음을 낸다.

Zhōngguó 중국	zhīdào 알다
Chángchéng 만리장성	chī fàn 밥을 먹다
Shànghǎi 상해	shēngrì 생일
Rìběn 일본	rèqíng 열렬하다

7. 설치음(舌齒音)

z. c. s 끝을 윗니 안쪽에 댔다가 조금 떼면서 음을 낸다.

zàijiàn 안녕히 가세요	zǎoshang 아침
cāntīng 식당	cídiǎn 사전
sījī 운전기사	Sūzhōu 소주(지명)

② 모음 : 운모(韵母)

음절에 있어 자음(字音)의 끝소리 부분을 운모라 하는데, 모음이나 모음에 자음이 더하여진 것이다.

(1) 단모음 : a, o, e, ê, i, u, ü

(2) 복모음 : ai, ei, ao, ou

(3) 부성모음 : an, en, ang, eng, ong

(4) 권설모음 : er

(5) 결합모음 : ia, ie, iao, iou, ian, in, iang, ing, iong
　　　　　　　ua, uo, uai, uei, uan, uen, uang, ueng
　　　　　　　üe, üan, ün

※ iou, uei는 성모와 결합하면 iu, ui로 쓴다.

발음 연습

(1) 숫자를 중국어로 발음해 보자.

1	2	3	4	5	6	7	8	9	10
yi	er	san	si	wu	liu	qi	ba	jiu	shi

0	100	1000	10000
ling	bai	qian	wan

천세(千岁)	만세(万岁)	만리장성(万里长城)
qiansui	wansui	Wanli Changcheng

(2) 중국 노래 첨밀밀의 가사를 이용하여 발음 연습 해보자.

Tian mimi, ni xiao de tianmimi,

haoxiang hua er kai zai chūn feng li, kai zai chun feng li.

Zai na li zai na li jian guo ni, Ni de xiaorong zheyang shuxi.

Wo yishi xiang bu qi, a! zai meng li, meng li, meng li jian guo ni,

Tianmi, xiao de duo tian mi, shi ni, shi ni, meng jian de jiu shi ni.

3. 성조(声调)에 대해 알아볼까요?

중국어는 성조(声调)의 언어라고 할 만큼, 발음에서 가장 중요한 것이 성조라고 할 수 있다. 성조는 음의 높낮이와 그 변화로서, 중국어에는 같은 음절의 한자가 상당히 많지만, 한자는 각기 고유의 성조를 지니므로 같은 음절이라 할지라도 성조의 변화에 따라 뜻이나 한자가 달라지기 때문이다. 또 같은 한자라도 성조의 변화에 따라서 의미가 달라지기도 한다. 표준 중국어에는 제1성·제2성·제3성·제4성의 4개의 기본 성조가 있고, 경성과 4성이 변화한 반3성이 있다.

● 4성 도표

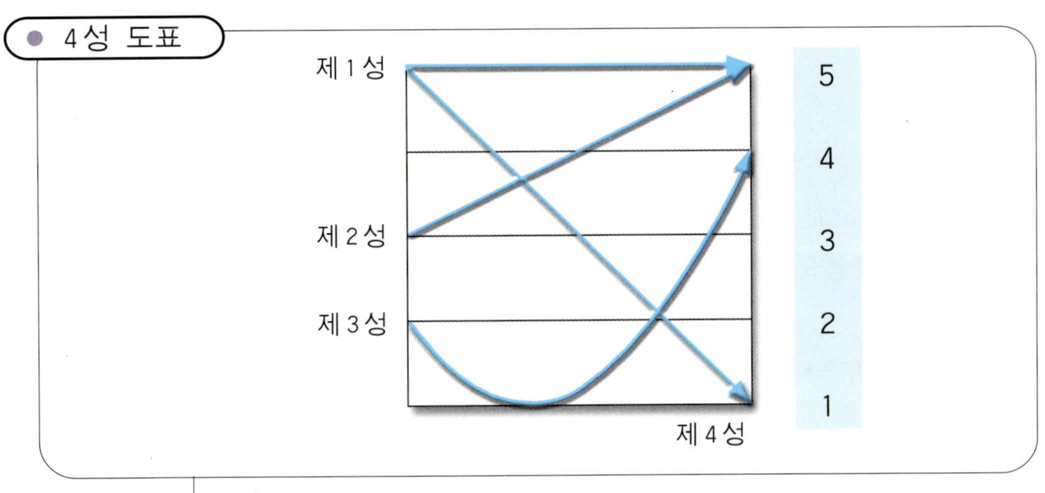

1 제1성 고음에서 시작하여 같은 높이로 발음하는 성조(5-5)이다.

hū   zhōng   bō

2 제2성 중음에서 시작해 고음을 향해 올리는 성조(3-5)이다.

pá   téng   qíng

③ 제3성

중저음에서 시작하여 저음으로 내린 뒤 다시 올리는 성조 (2-1-4)이다.

wǒ   běi   zǒng

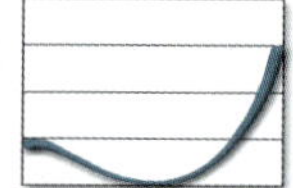

④ 제4성

고음에서 시작하여 급격히 가장 낮은 음까지 내리는 성조 (5-1)이다.

kàn   yàng   qù

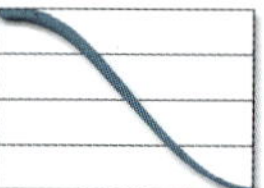

⑤ 경성

짧고 약하며 음색도 모호해지는 음이 있는데, 이것을 '경성(轻声)'이라고 한다. 경성은 앞 음절의 성조에 따라서 높낮이가 달라진다. 한어병음 방안에서는 경성의 성조부호를 표기하지 않는 것을 원칙으로 한다.

mā ma   jiě jie   dì di

⑥ 성조의 변화

① 우리가 가장 많이 볼 수 있는 사성(四声)의 변화는 3성인데, 앞뒤 2개의 3성 글자를 같이 이어서 발음할 때 앞에 있는 3성은 2성으로 발음한다. 그 외 나머지 성조 앞에서는 모두 반3성으로 읽어야 한다.

2성으로 발음   nǐ hǎo

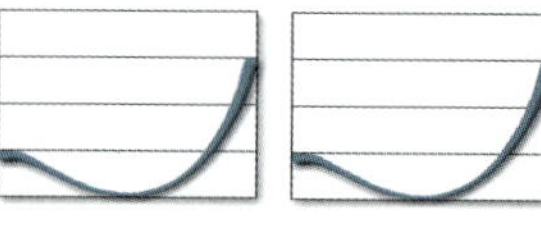 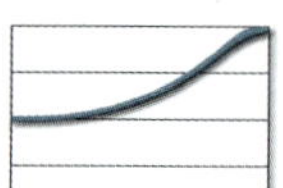 

반3성으로 발음   hǎo chī

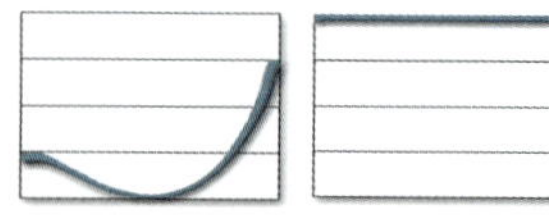 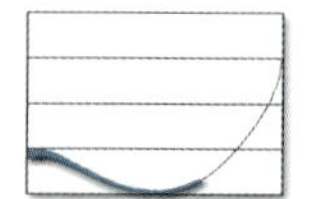 

② 不는 본래 4성인데 뒤에 4성 음절이 이어지면 2성으로 변화한다.

bù qù → bú qù

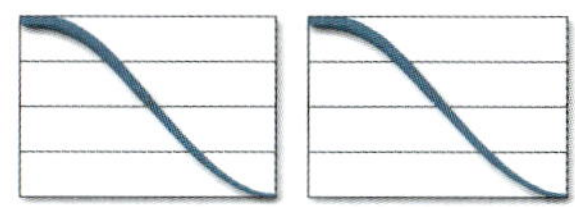 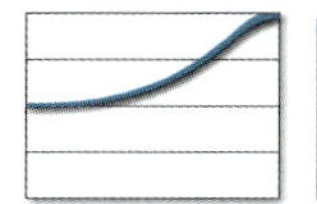 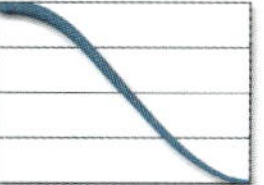

③ 一는 본래 1성인데 다른 음절이 이어지면 성조가 변한다. 뒤에 1, 2, 3성이 이어지면, 4성으로 변하고, 뒤에 4성이 이어지면 2성으로 변한다.

4성 : yī tiān → yì tiān

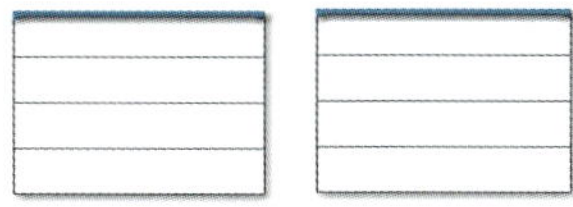  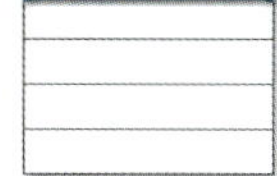

2성 : yī xià → yí xià

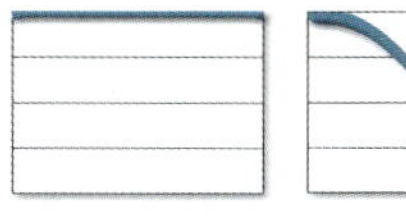 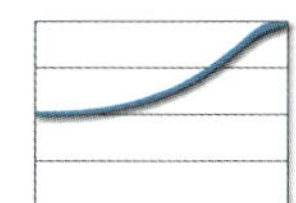 

7 성조기호를 붙이는 위치

성조를 나타내는 기호를 성조기호라고 하는데, 성조기호는 모두 모음 위에 붙인다. 중국어에는 기본 모음 외에 두 개 이상의 모음이 이어진 글자도 많은데 이와 같은 경우, 다음의 원칙에 따르고 있다.

① 모음이 한 개인 경우에는 그 모음 위에 붙인다. : nà wǒ mā

② 모음이 2개 이상인 경우에는,
    (ㄱ) 'a'가 있으면 'a'의 위에 붙인다. : biǎo chǎo jiào
    (ㄴ) 'a'가 없으면 'o'나 'e'의 위에 붙인다. : shéi qióng yuè
    (ㄷ) 'iu, ui'는 뒤의 모음 위에 붙인다. : guì jiù suī

③ 'i'에 성조기호를 붙이는 경우에는 'ī'와 같이 '˙'를 생략한다.

성조 연습

(1) 다음 글자를 이용하여 1, 2, 3, 4성을 연습해 보자.

mā   má   mǎ   mà
lāi   lái   lǎi   lài
hāo   háo   hǎo   hào

(2) 각 성조 별로 발음을 연습해 보자.

māma	gēge	gānbēi	fēijī
엄마	형/오빠	건배	비행기
péngyou	yéye	Hánguó	chángcháng
친구	할아버지	한국	자주, 늘
jiějie	nǎinai	shǒubiǎo	mǎimài
언니/누나	할머니	손목시계	사고 팔다
dìdi	xièxie	mèimei	zàijiàn
남동생	감사하다	여동생	안녕(헤어질 때 인사)

(3) 다음 1~4성으로 구성된 문장을 연습해 보자.

yīng xióng běn sè :　영웅본색
Fēi cháng gǎn xiè. :　대단히 감사합니다.
Wǒ lái, nǐ qù. :　나는 가고 너는 온다.

인사는 어떻게 할까요?

그림으로 낱말을 익혀 볼까요?

① ②

③

④

⑦

⑥

⑧

⑤

⑨

① wǒ 我　　② nǐ 你　　③ tā 他　　④ tā 她

⑤ wǒmen 我们　⑥ nǐmen 你们　⑦ tāmen 他们　⑧ lǎoshī 老师

⑨ xuésheng 学生

你 好!

Nǐ hǎo!　　　　　Nǐ hǎo!

기본회화

A : 你好！

안녕하세요?

B : 你好！

안녕하세요?

1

A : Lǎoshī hǎo!

B : Nǐmen hǎo!

A : 老师好！

B : 你们好！

A : 선생님, 안녕하세요!

B : 여러분, 안녕!

2

B : Nǐmen qù nǎr?

A : Wǒmen qù wǎngbā.

B : 你们去哪儿？

A : 我们去网吧。

B : 너희들 어디 가니?

A : 저희들은 PC방 가요.

网吧 wǎngbā PC방

哪儿 nǎr 어디(장소를 나타내는 의문사)

1. Zǎoshang hǎo!

2. Wǎnshang hǎo!

3. Zàijiàn!

4. Dàjiā hǎo!

5. Tóngxuémen hǎo!

6. A : Nǐ máng ma?

   B : (Wǒ) bù máng.

7. A : Nǐ lèi ma?

   B : (Wǒ) bú tài lèi.

8. A : Nǐ shēntǐ zěnmeyàng?

   B : (Wǒ) shēntǐ hěn hǎo.

9. A : Nǐ shēntǐ hǎo ma?

   B : (Wǒ shēntǐ) hěn hǎo.

✱ 보충 설명

们 : [~들] 사람을 지칭하는 명사나 대명사 뒤에 놓여 복수를 나타냅니다.

  你们　老师们　学生们

吗 : 진술문의 끝에 붙어서 의문을 표시합니다.

bù tóng shuōfǎ

18

해석

1. 早上好！

안녕!(아침인사)

2. 晚上好！

안녕!(저녁인사)

3. 再见！

또 만나요!

4. 大家好！

여러분, 안녕!

5. 同学们好！

학우 여러분, 안녕!(선생님이 학생에게)

6. A : 你忙吗？

당신 바쁩니까?

B : (我)不忙。

(나는) 바쁘지 않습니다.

7. A : 你累吗？

당신 피곤합니까?

B : (我)不太累。

(나는) 그다지 피곤하지 않습니다.

8. A : 你身体怎么样？

당신 건강은 어떻습니까?

B : 我身体很好。

(나의 건강은) 좋습니다.

9. A : 你身体好吗？

당신 건강은 좋은가요?

B : (我身体)很好。

(나는) 건강합니다.

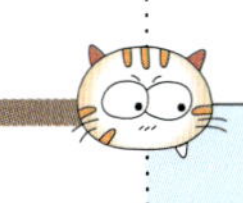

보충 단어

忙 máng 바쁘다

累 lèi 피곤하다

身体 shēntǐ 몸, 신체

太 tài 매우, 너무

见 jiàn 만나다

Tīng hé xiě

들어
볼까요

● 대화를 듣고 중국어로 써 봅시다.

A :

B :

B :

A :

● 그림을 보고 중국어로 말해 봅시다.

① 

③ 

② 

④ 

대화

① A : 早上好！

B : 早上好！

② A : 你好！

B : 你好！

③ A : 老师，您好！

B : 同学们，你们好！

④ A : 再见！

B : 再见！

들어 볼까요 - 듣기 대본

① A : 老师好！
B : 你们好！

② B : 你们去哪儿？
A : 我们去网吧。

Chàng

数一数

shǔ yì shǔ

一个 两个 三个 小朋友，四个 五个 六个 小朋友，
Yí ge liǎng ge sān ge xiǎo péngyou, sì ge wǔ ge liù ge xiǎo péngyou,

七个 八个 九个 小朋友，第十个 小朋友 站起来。
qí ge bá ge jiǔ ge xiǎo péngyou, dì shí ge xiǎo péngyǒu zhàn qǐ lái.

해석

수 세기

한 꼬마, 두 꼬마, 세 꼬마(친구)

네 꼬마, 다섯 꼬마, 여섯 꼬마(친구)

일곱 꼬마, 여덟 꼬마, 아홉 꼬마(친구)

열 번째 꼬마가 일어납니다.

보충
단어

数　shǔ　세다, 헤아리다

小朋友　xiǎo péngyou　아동, 어린아이, 꼬마

站起来　zhàn qǐ lái　일어나다

个　ge　사람이나 사물을 세는 단위

중국인의 인사습관

중국인의 일상적인 인사 습관은 우리와 비슷하다. 때와 장소에 따라 적절히 하면 된다. 식사 시간 이면 "밥 먹었니?(吃饭了吗?　Chī fàn le ma?)", 길에서는 "어디 가니?(去哪儿?　Qù nǎr?)", "학교 가니?(去学校吗?　Qù xuéxiào ma?)" 등등이다. 우리와 다른 점은 고개를 숙이지 않고 인사한다는 것이다.

우리의 최대 명절인 설 때 많은 덕담을 나누듯, 중국도 春节(음력 1월 1일)에 나누는 덕담이 아주 다양하다. 영화 첨밀밀(甜蜜蜜)을 보면 새해 첫날에 여명과 장만옥이 새해 인사를 나누는 장면이 있다. 그 중에 아주 인상적인 인사는 "돈 많이 버세요!(恭喜发财!　Gōngxǐ fā cái!)"와 "우정 만세!(友情万岁!　Yǒuqíng wànsuì!)"다. 새해에 돈에 관한 덕담을 나누는 것은 역시 중국인만의 독특한 인사법인 것 같다.

써볼까요

我	我 我	ノ 二 于 手 我 我 我	wǒ
你	你 你	ノ 亻 亻 亻 你 你 你	nǐ
师	师 师	ノ リ 丿 师 师 师	shī
网	网 网	丨 冂 冈 冈 网 网	wǎng
见	见 见	丨 冂 见 见	jiàn
很	很 很	ク 彳 彳 彳 彳 很 很	hěn
再	再 再	一 厂 冂 丙 再 再	zài
吗	吗 吗	丨 口 叮 吗 吗	ma

소개는 어떻게 할까요?

그림으로 낱말을 익혀 볼까요?

① 

② 

③ 

④ 

⑤ 

⑥ 

⑦ 

⑧ 

① māma 妈妈　② bàba 爸爸　③ jiějie 姐姐　④ mèimei 妹妹
⑤ gēge 哥哥　⑥ dìdi 弟弟　⑦ péngyou 朋友　⑧ tóngxué 同学

我介绍一下。

제가 소개하겠습니다.

Gěi wǒ jièshào yíxià,
tā shì shéi?

Tā shì wǒ mèimei.

A : 给我介绍一下，她是谁？

소개 좀 해주세요. 그녀는 누구입니까?

B : 她是我妹妹。

그녀는 저의 여동생입니다.

1

A : Nǐ xìng shénme?

B : Wǒ xìng Jīn, nǐ ne?

A : 你姓什么？	A : 당신 성은 무엇입니까?
B : 我姓金，你呢？	B : 나는 김가입니다, 당신은요?

2

A : Wǒ xìng Lǐ, jiào Yīngměi.
　　Rènshi nǐ hěn gāoxìng.

B : Rènshi nǐ, wǒ yě hěn gāoxìng.

A : 我姓李，叫英美。 　　认识你很高兴。	A : 나는 이가이고, 영미라고 합니다. 　　당신을 알게 되어 매우 기쁩니다.
B : 认识你，我也很高兴。	B : 당신을 알게 되어, 나도 매우 기쁩니다.

보충 단어

认识 rènshi 알다　　　　高兴 gāoxìng 기쁘다

很 hěn 매우　　　　什么 shénme 무엇, 무슨

1. Nín guì xìng?

2. Nǐ jiào shénme míngzi?

3. Nǐ de míngzi jiào shénme?

4. Wǒ lái jièshào yíxià.

5. Wǒ rènshi tā.

6. (Wǒ) rènshi nǐ hěn gāoxìng.

7. Jiàndào nǐ, wǒ hěn gāoxìng.

8. Hǎojiǔ bújiàn le.

9. Jiǔyǎng jiǔyǎng!

✱ 보충 설명

의문문 : 1. 진술문 + 吗 : 你好**吗**?
        2. 의문사 이용 : 你姓**什么**?

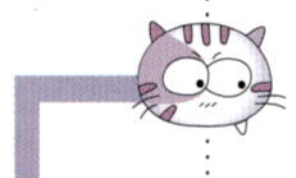

해석

1.	您贵姓？	당신 성은요?
2.	你叫什么名字？	당신 이름은 무엇입니까?
3.	你的名字叫什么？	당신 이름은 무엇입니까?
4.	我来介绍一下。	내가 소개 좀 하겠습니다.
5.	我认识他。	나는 그를 압니다.
6.	(我)认识你很高兴。	당신을 알게 되어 매우 기쁩니다.
7.	见到你,我很高兴。	당신을 뵙게 되어 저는 매우 기쁩니다.
8.	好久不见了。	오랜만입니다.
9.	久仰久仰！	말씀 많이 들었습니다.(처음 뵙겠습니다.)

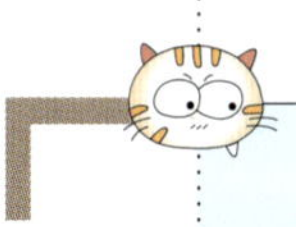

보충 단어

名字 míngzi 이름	叫 jiào ~라고 부르다
一下 yí xià 좀, 잠시	

들어 볼까요

● 대화를 듣고 중국어로 써 봅시다.

A :

B :

A :

B :

말해 볼까요

● 그림을 보고 중국어로 말해 봅시다.

① 

③ 

② 

④ 

대화

① A：她是谁？
　 B：她是我妈妈。

② A：谁是你姐姐？
　 B：她是我姐姐。

③ 我介绍一下，
　　这位是我的中国朋友。

④ 我介绍一下，
　　这位是我的英语老师。

들어 볼까요 - 듣기 대본

① A：你姓什么？
　 B：我姓金，你呢？

② A：我姓李，叫英美。
　 B：认识你，我很高兴。

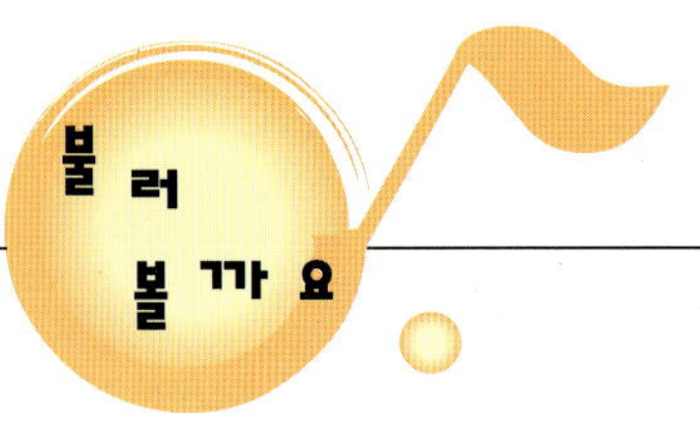

Chàng

小老鼠
xiǎo lǎoshǔ

小老鼠,上灯台,偷油吃,下不来,
Xiǎo lǎoshǔ, shàng dēngtái, tōu yóu chī, xià bu lái,

喵喵喵,猫来了,叽里咕噜滚下来。
miāo miāo miāo, māo lái le, jīli gūlū gǔn xia lái.

생쥐

생쥐가 등잔대에 올라가 기름을 훔쳐먹고서 내려올 수 없었습니다.
야옹 야옹 야옹 고양이가 와서 (깜짝 놀라) 데굴데굴 굴러 내려왔습니다.

보충단어

老鼠 lǎoshǔ 쥐	灯台 dēngtái 등잔대
偷 tōu 훔치다	吃 chī 먹다
猫 māo 고양이	叽里咕噜 jīli gūlū 데굴데굴(의성어)
滚下来 gǔn xialái 굴러 내려오다	

중국 소개

중국은 구소련과 캐나다에 이어 세계에서 세 번째로 넓은 나라로, 국토 면적이 약 960만㎢로 한반도의 약 43배이다. 넓은 국토만큼이나 인구도 어마어마하다. 정확한 인구 수는 하늘만이 알고, 대략 13억쯤으로 우리 인구의 약 25배이다. 민족은 56개 민족으로 이루어져 있고, 그 중에서 한족(汉族)이 약 94%를 차지하고, 나머지 55개 소수민족은 자기 민족의 독특한 전통과 문화를 계승, 유지하면서 자신들의 위치를 지키고 있다. 수도는 베이징(北京), 국기는 오성홍기(五星红旗)이며 공식 국명은 중화인민공화국(中华人民共和国)이다.

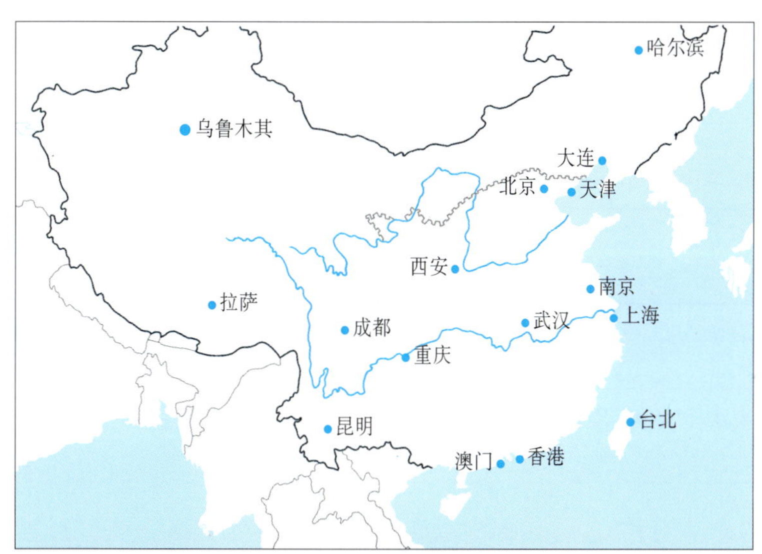

중화인민공화국(中华人民共和国) 전도

오성홍기(五星红旗)

중화인민공화국 국장(国章)

谁 | 谁 谁 | 、讠讠讠讠谁谁谁 | shéi

姐 | 姐 姐 | 乚乂女女刂刂如姐姐 | jiě

妹 | 妹 妹 | 乚乂女女妹妹妹妹 | mèi

认 | 认 认 | 、讠认认 | rèn

识 | 识 识 | 、讠识识识识识 | shí

介 | 介 介 | 丿人介介介 | jiè

绍 | 绍 绍 | 纟纟纟纟纟纟绍绍 | shào

贵 | 贵 贵 | 、口中虫虫虫贵贵 | guì

제 3 과 이것은 저의 선물입니다.

그림으로 낱말을 익혀 볼까요?

① 

② 

③ 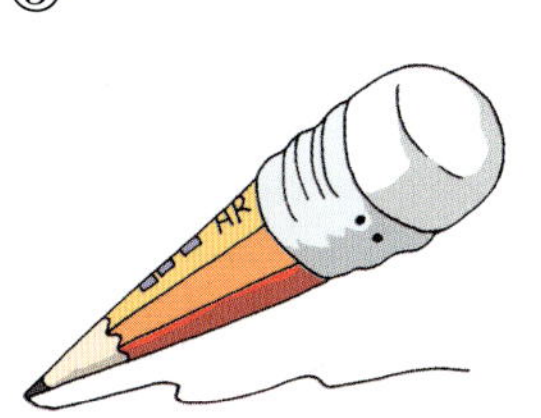

④ 

⑤ 

⑥ 

① shū 书　　② bào 报　　③ qiānbǐ 铅笔

④ lǐwù 礼物　　⑤ méigui 玫瑰　　⑥ kāngnǎixīn 康乃馨

这是我的礼物。

이것은 저의 선물입니다.

Zhè shì shénme lǐwù?

Jīntiān shì nǐ de shēngrì,
zhè shì wǒ sòng nǐ de.

기본회화

A : 这是什么礼物？

이것은 무슨 선물이니?

B : 今天是你的生日吧，这是我送你的。

오늘이 네 생일이잖아, 이것은 내가 네게 주는 거야.

1

A : Māma, zhè shì kāngnǎixīn.

B : Háizi, zěnme huí shìr?

A : 妈妈, 这是康乃馨。

B : 孩子, 怎么回事儿?

A : 엄마, 이거 카네이션이에요.

B : 애야, 이게 무슨 일이니?

2

A : Mā, jīntiān shì Mǔqīnjié.

B : Xièxie nǐ. Māma hǎo gǎndòng.

A : 妈, 今天是母亲节。

B : 谢谢你。妈妈好感动。

A : 엄마, 오늘이 어머니날이에요.

B : 고맙다. 엄마가 참 감동되는구나

보충
단어

怎么 zěnme 왜, 무슨, 어떻게

母亲节 Mǔqīnjié 어머니날

感动 gǎndòng 감동되다

1. **A** : Zhè shì shénme?

    B : Zhè shì shū.

2. **A** : Nà shì shénme?

    B : Nà shì bàozhǐ.

3. **A** : Zhè shì shénme shū?

    B : Zhè shì Hànyǔ shū.

4. **A** : Zhè zhī qiānbǐ shì shéi de?

    B : Zhè zhī qiānbǐ shì wǒ de.

5. **A** : Duì bu qǐ.

    B : Méi guānxi.

6. **A** : Xièxie nǐ de bāngzhù.

    B : Bié kèqi, bú yòng xiè.

✻ 보충 설명

什么 : ① 단독으로 사물을 물을 때 씁니다. [무엇] 这是**什么**?

② 명사 앞에서 사람이나 사물을 물을 때 씁니다. [무슨·어떤·어느]
什么人?, **什么**书?

的 : 한정어와 중심어 사이에서 수식이나 종속을 나타냅니다. [~의, ~한, ~ㄴ]
등 으로 해석할 수 있습니다. 我**的**母亲。

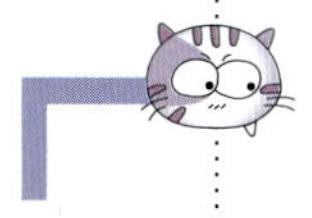

해석

1. A : 这是什么？　　　　　이것은 무엇입니까?
   B : 这是书。　　　　　　이것은 책입니다.

2. A : 那是什么？　　　　　저것은 무엇입니까?
   B : 那是报纸。　　　　　저것은 신문입니다.

3. A : 这是什么书？　　　　이것은 무슨 책입니까?
   B : 这是汉语书。　　　　이것은 중국어 책입니다.

4. A : 这支铅笔是谁的？　　이 연필은 누구의 것입니까?
   B : 这支铅笔是我的。　　이 연필은 나의 것입니다.

5. A : 对不起。　　　　　　미안합니다.
   B : 没关系。　　　　　　괜찮습니다.

6. A : 谢谢你的帮助。　　　당신의 도움에 감사드립니다.
   B : 别客气, 不用谢。　　천만에요, 감사할 것 없어요..

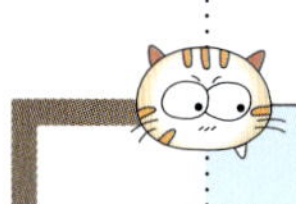

보충 단어

汉语 Hànyǔ 중국어　　　　　报纸 bàozhǐ 신문
支 zhī 연필을 세는 단위

듣어
볼까요

● 대화를 듣고 중국어로 써 봅시다.

A :

B :

A :

B :

● 그림을 보고 중국어로 말해 봅시다.

① 

③ 

② 

④ 

대화

❶ A : 对不起。
B : 没关系。

❷ A : 谢谢你。
B : 不客气。

❸ A : 妈, 祝你生日快乐。
B : 谢谢你。

❹ A : 谢谢你的帮助。
B : 别客气, 不用谢。

① A : 妈妈, 这是康奶馨。
B : 孩子, 怎么回事儿?

② A : 妈, 今天是母亲节。
B : 谢谢你。妈妈好感动。

祝你生日快乐

Zhù nǐ shēngrì kuàilè.

祝你生日快乐, 祝你生日快乐。
Zhù nǐ shēngrì kuàilè, zhù nǐ shēngrì kuàilè.

祝你生日快乐, 祝你生日快乐。
Zhù nǐ shēngrì kuàilè, zhù nǐ shēngrì kuàilè.

생일 축하합니다

생일 축하합니다, 생일 축하합니다.
생일 축하합니다, 생일 축하합니다.

보충단어

祝 zhù 빌다, 축원하다
生日 shēngrì 생일
快乐 kuàilè 즐겁다, 유쾌하다

중국인의 선물 습관

중국 사람들은 선물을 비교적 중시하는 편이다. 일반적으로 선물 용품으로 술, 차, 담배, 과일 등을 많이 이용한다. 과일은 그 종류에 따라 다양한 의미를 부여한다. 예를 들면, 귤은 황금색이기에 재물의 의미를, 사과(苹果 píngguǒ)는 발음이 평화(平和 pínghé)의 발음과 유사하여 평화를 상징한다.

이렇게 발음과 관련하여 의미를 부여하기에 선물할 때 특히 주의해야 한다. 손님을 초대했을 때는 배(梨 lí)를 깎아 놓는 것을 삼가해야 하는데, 배를 깎아 나눌 때의 발음(分梨 fēnlí)이 '헤어지다(分离 fēnlí)'와 발음과 같기 때문이다. 또 시계(钟 zhōng), 우산(伞 sǎn), 손수건(巾 jīn) 등도 그 의미 및 발음이 '마치다(终 zhōng), 흩어지다(散 sàn), 다하다(尽 jìn)' 등과 비슷해 선물용으로 이용하지 않는다.

써볼까요

这	这 这		丶 亠 亍 文 这 这 这　zhè
那	那 那		刁 刁 刃 月 那 那　nà
怎	怎 怎		丿 仁 仨 乍 乍 怎 怎　zěn
么	么 么		丿 厶 么　me
书	书 书		乛 马 书 书　shū
报	报 报		一 十 扌 护 护 扫 报　bào
铅	铅 铅		丿 钅 钅 钅 钔 铅 铅　qiān
笔	笔 笔		丿 杙 竹 竺 竺 竺 笔　bǐ

제 4 과 우리 집엔 네 식구가 있어요.

그림으로 낱말을 익혀 볼까요?

① 

② 

③ 

④

⑤ 

⑥ 

⑦ 

⑧ 

① yéye 爷爷	② nǎinai 奶奶	③ jiā 家
④ yīyuàn 医院	⑤ dàifu 大夫	⑥ hùshi 护士
⑦ kāichē de 开车的	⑧ xuéxiào 学校	

我家有四口人。

우리 집엔 네 식구가 있어요.

Nǐ jiā yǒu jǐ kǒu rén?

Wǒ jiā yǒu sì kǒu rén.
bàba、māma、gēge hé wǒ.

기본회화

A : 你家有几口人？

당신의 가족은 몇 명입니까??

B : 我家有四口人。爸爸、妈妈、哥哥和我。

우리 가족은 아버지, 어머니, 오빠(형), 그리고 나, 네 명입니다.

1

A : Nǐ bàba zuò shénme gōngzuò?
B : Wǒ bàba shì lǎoshī.

A : 你爸爸做什么工作?
B : 我爸爸是老师。

A : 너의 아빠는 무슨 일을 하시니?
B : 우리 아빠는 선생님이셔.

2

A : Nǐ yǒu jiějie ma?
B : Méiyǒu, wǒ zhǐ yǒu yí ge gēge.

A : 你有姐姐吗?
B : 没有, 我只有一个哥哥。

A : 너는 언니(누나)가 있니?
B : 없어, 난 오직 오빠(형)가 한 명 있어.

3

A : Nǐ gēge, xiànzài gàn shénme ne?
B : Tā shì xuésheng.

A : 你哥哥, 现在干什么呢?
B : 他是学生。

A : 너의 오빠(형)는 지금 무슨 일을 하니?
B : 그는 학생이야.

이렇게도 말해요

1. **A** : Nǐ jiā dōu yǒu shénme rén?

   B : Wǒ jiā yígòng yǒu wǔ kǒu rén, yéye、nǎinai、bàba、māma hé wǒ.

2. **A** : Nǐ gēge zài nǎr gōngzuò?

   B : Wǒ gēge zài yīyuàn gōngzuò.

3. **A** : Wǒ bàba shì dàifu, nǐ bàba ne?

   B : Wǒ bàba shì kāichē de.

4. **A** : Nǐ jiějie zuò shénme gōngzuò?

   B : Wǒ jiějie shì hùshi.

✻ 보충설명

· **五口人** : 다섯 식구. 口는 식구를 세는 양사입니다.

· **大夫** : 의사. 발음에 유의해야 하는데 大는 보통 dà로 발음하지만 이 경우에는 dài로 발음합니다.

· **的** : '开(동사) + 车(목적어) + 的' 의 구조로 [~하는 사람]의 의미입니다.
教书**的** ⇒ 老师 : 교사, 글을 가르치는 사람.

bù tóng shuōfǎ

1. A : 你家都有什么人?

　너의 집에는 식구가 어떻게 되니?

 B : 我家一共有五口人, 爷爷、奶奶、爸爸、妈妈和我。

　우리 집엔 모두 다섯 식구가 있는데 할아버지, 할머니, 아빠, 엄마 그리고 나야.

2. A : 你哥哥在哪儿工作?

　네 형(오빠)은 어디에서 일하니?

 B : 我哥哥在医院工作。

　우리 형(오빠)은 병원에서 일해.

3. A : 我爸爸是大夫, 你爸爸呢?

　우리 아빠는 의사인데 너희 아버지는?

 B : 我爸爸是开车的。

　우리 아빠는 운전 기사셔.

4. A : 你姐姐做什么工作?　　　네 언니(누나)는 무슨일을 하니?

 B : 我姐姐是护士。　　　우리 언니(누나)는 간호사야.

都 dōu 모두, 범위를 총괄하는 개념	做 zuò ~을 하다
在 zài ~에 있다, ~ 에서	工作 gōngzuò 일, 일하다
一共 yígòng 모두, 수량을 총괄하며, 뒤에 수량사를 동반한	

들어 볼까요

● 대화를 듣고 중국어로 써 봅시다.

A :

B :

A :

B :

말해 볼까요

● 그림을 보고 중국어로 말해 봅시다.

① 

② 

대화

① A : 你家有几口人？

B : 我家有五口人。

② A : 你爸爸在哪儿工作？

B : 我爸爸在医院工作。

들어 볼까요 - 듣기 대본

① A : 你爸爸做什么工作？

B : 我爸爸是老师。

② A : 你有姐姐吗？

B : 没有，我只有一个哥哥。

Chàng

绕口令　rào kǒu lìng

1. 吃葡萄不吐葡萄皮儿, 不吃葡萄倒吐葡萄皮儿。
   Chī pútao bù tǔ pútao pír, bù chī pútao dào tǔ pútao pír.

2. 四是四, 十是十, 十四不是四十, 四十不是十四,
   Sì shì sì, shí shì shí, shísì búshì sìshí, sìshí búshì shísì,

   十四是十四, 四十是四十。
   shísì shì shísì, sìshí shì sìshí.

해석

1. 포도를 먹고 포도 껍질을 뱉지 않고, 포도를 먹지 않았는데 도리어 포도 껍질을 뱉는다.

2. 4는 4이고 10은 10이며, 14는 40이 아니고, 40은 14가 아니며, 14는 14이고 40은 40이다.

보충 단어

吃 chī 먹다　　　　　　　　　葡萄 pútao 포도

葡萄皮儿 pútaopír 포도 껍질

绕口令 rào kǒu lìng 잰말놀이. 연속적인 비슷한 음을 발음하는 발음 연습 놀이

중국의 가족 구성

현재 중국은 강제 산아 제한으로 인해 한 가정에 1자녀만 낳을 수 있다. 물론 소수민족일 경우는 예외이다. 그래서 지금 중국 사회는 촌수가 거의 없어지는 추세이고 아이가 가정에서 차지하고 있는 위치는 피라미드식(4〈조부모,외조부모〉.2〈부모〉 1〈한자녀〉)구조이다. 이렇게 6명의 사랑과 관심이 집중되어 있어 아이를 꼬마 황제(小皇帝)라 표현한다. 이들 小皇帝는 중국 인구의 30% 정도인 약 4억 정도인데 이들이 지금 한국 대중가요, 한국 패션 등 대중문화에 열광하고 있어 한류(韩流)라는 말과, 한국을 무조건 따라하는 무리인 하한주(哈韩族)라는 유행어가 탄생되었다.

[가족 호칭]

할아버지
爷爷 yéye

할머니
奶奶 nǎinai

아버지
爸爸 bàba

어머니
妈妈 māma

형 / 오빠
哥哥 gēge

언니 / 누나
姐姐 jiějie

나
我 wǒ

여동생
妹妹 mèimei

남동생
弟弟 dìdi

써볼까요

| 家 | 家 家 | | 宀宀宀宇宇家家家　jiā |

| 学 | 学 学 | | 丶ㆍㆍ丷丷ㆍ学学学　xué |

| 校 | 校 校 | | 十 木 朴朴朴杉校校　xiào |

| 爸 | 爸 爸 | | 八分父父爷爷爸爸　bà |

| 哥 | 哥 哥 | | 一丁可可可哥哥　gē |

| 做 | 做 做 | | 亻亻仆估估做做　zuò |

| 爷 | 爷 爷 | | 丶八分父爷爷　yé |

| 医 | 医 医 | | 一丆丂匸乕医医　yī |

오늘은 몇 월 며칠인가요 ?

그림으로 낱말을 익혀 볼까요?

Xuéxí Shēngcí

① 

② 

③ 

④ 

⑤ 

⑥ 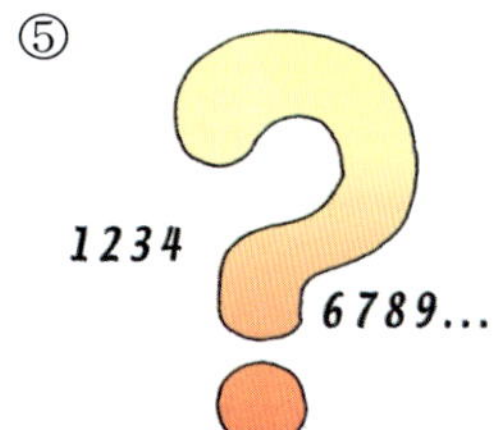

⑦ 

⑧ 

① shēngrì 生日	② xīngqīliù 星期六	③ yuè 月
④ jiǔ yuè sān hào 九月三号	⑤ jǐ 几	⑥ máng 忙
⑦ xià xīngqī'èr 下星期二	⑧ Jiàoshījié 教师节	

今天几月几号?

오늘은 몇 월 며칠입니까?

Jīntiān jǐ yuè jǐ hào?　　　　Bá yuè èrshíqí hào.

기본회화

A : 今天几月几号?

오늘 몇 월 며칠입니까?

B : 八月二十七号。

8월 27일입니다.

1

A : Nǐ de shēngrì jǐ yuè jǐ hào?

B : Jiǔ yuè bá hào.

A : 你的生日几月几号？
B : 九月八号。

A : 네 생일은 몇 월 며칠이니?
B : 9월 8일이야.

2

A : Nà tiān shì xīngqī jǐ?

B : Xīngqīliù, zài guò liǎng tiān
jiùshì wǒ de shēngrì.

A : 那天是星期几?
B : 星期六，
再过两天就是我的生日。

A : 그날이 무슨 요일인데?
B : 토요일, 이틀 뒤가 바로 내 생일이야.

3

A : Nà tài hǎo le. xīngqīliù
bù máng, wǒ yídìng qù.

A : 那太好了！
星期六不忙，我一定去！

A : 그거 잘되었다. 토요일은 안 바쁘니까
내가 꼭 갈게.

1. Qùnián shì èr líng líng líng nián.

2. Jīnnián shì èr líng líng yī nián.

3. Zuótiān shì jiǔ yuè sān hào.

4. Míngtiān shì liù yuè wǔ hào, xīngqītiān.

5. Hòutiān xīngqī jǐ?

6. shàng xīngqīyī

7. běn xīngqīsān

8. zhè ge xīngqītiān

9. Xià xīngqī'èr shì jǐ yuè jǐ hào?

10. Wǔ yuè shíwǔ hào shì Jiàoshījié.

bù tóng shuōfǎ

해석

1. 去年是二〇〇〇年。   작년은 2000년이다.

2. 今年是2001年。   금년은 2001년이다.

3. 昨天是九月三号。   어제는 9월 3일이다.

4. 明天是六月五号，星期天。 내일은 6월 5일, 일요일이다.

5. 后天星期几?   모레는 무슨 요일입니까?

6. 上星期一   지난주 월요일

7. 本星期三   이번주 수요일

8. 这个星期天   이번주 일요일

9. 下星期二是几月几号?   다음주 화요일은 몇 월 며칠입니까?

10. 五月十五号是教师节。   5월 15일은 스승의 날이다.

보충단어

零 líng 영(0)   就 jiù 바로   教师节 Jiàoshījié 스승의 날

❀ 연도에 관련된 단어

前年 qiánnián 재작년   去年 qùnián 작년   今年 jīnnián 금년
明年 míngnián 내년   后年 hòunián 후년

❀ 날짜에 관련된 단어

前天 qiántiān 그저께   昨天 zuótiān 어제   今天 jīntiān 오늘
明天 míngtiān 내일   后天 hòutiān 모레

❀ 주에 관련된 단어

上(个)星期 shàng (gè) xīngqī 지난주   本星期 běn xīngqī 이번주
这(个)星期 zhè (gè) xīngqī 이번주   下(个)星期 xià (gè) xīngqī 다음주

● 대화를 듣고 중국어로 써 봅시다.

A :

B :

A :

B :

말해
볼까요

● 그림을 보고 중국어로 말해 봅시다.

① 

② 

대화

❶ A：你的生日几月几号？
　B：九月八号。

❷ A：下星期二是几月几号？
　B：五月十五号是教师节。

들어 볼까요 - 듣기 대본

① A：今天几月几号？
　B：八月二十七号。

② A：这个星期六是我的生日。
　B：星期六不忙，我一定去。

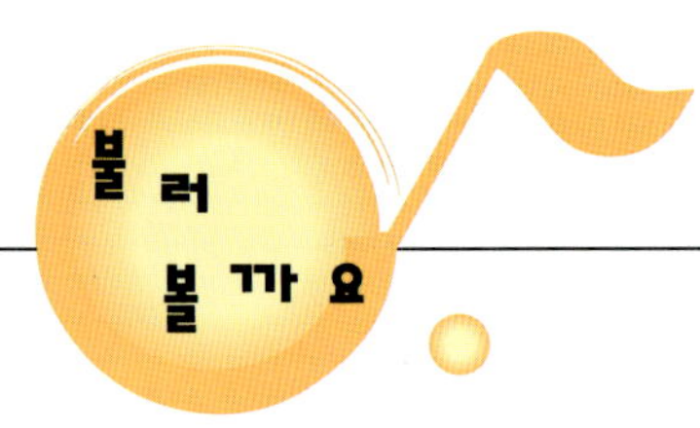

世上只有妈妈好

Shìshang zhǐ yǒu māma hǎo

1. 世上只有妈妈好，有妈的孩子像块宝。
   Shìshang zhǐ yǒu māma hǎo, yǒu mā de háizi xiàng kuài bǎo.

   投进妈妈的怀抱，幸福享不了。
   Tóujìn māma de huáibào, xìngfú xiǎng bu liǎo.

2. 世上只有妈妈好，没妈的孩子像根草。
   Shìshang zhǐ yǒu māma hǎo, méi mā de háizi xiàng gēncǎo.

   离开妈妈的怀抱，幸福哪里找。
   Líkāi māma de huáibào, xìngfú nǎli zhǎo.

세상에서 엄마가 제일 좋아요

1. 세상에서 엄마가 제일 좋아요, 엄마가 있는 아이는 보배같아요.
   엄마의 품에 안기면 끝없이 행복하지요.

2. 세상에서 엄마가 제일 좋아요, 엄마가 없는 아이는 한 포기 풀 같아요.
   엄마 품을 떠난다면 어디에서 행복을 찾을까요.

像 xiàng 마치 ~같다

宝 bǎo 보물, 보배, 진귀한 것

投进 tóujìn 던져 들어가다(안기다)

怀抱 huáibào 품에 안다

享不了 xiǎng bu liǎo 다 누릴 수 없다

苦恼 kǔnǎo 고통, 번뇌

根 gēn 길고 가는 것을 세는 양사

草 cǎo 풀

离开 líkāi 떠나다

幸福 xìngfú 행복

找 zhǎo 찾다

号　号 号
丨 口 口 吕 号　　hào

星　星 星
口 日 尸 戸 戸 星 星　　xīng

期　期 期
一 卄 其 其 期 期 期　　qī

过　过 过
一 寸 寸 寸 寸 讨 过　　guò

后　后 后
一 厂 厂 斤 后 后　　hòu

就　就 就
一 古 亨 京 京 就 就　　jiù

昨　昨 昨
丨 冂 日 旷 旷 昨 昨　　zuó

节　节 节
一 艹 艹 芀 节　　jié

시간은 어떻게 물어 볼까요?

그림으로 낱말을 익혀 볼까요?

Xuéxí Shēngcí

① zǎoshang 早上　　② shàngwǔ 上午　　③ xiàwǔ 下午

④ wǎnshang 晚上　　⑤ yì diǎn 一点　　⑥ sān diǎn bàn 三点半

⑦ wǔ diǎn yí kè(shíwǔ fēn) 五点一刻(十五分)　　⑧ qī diǎn sān kè 七点三刻

⑨ shíyì diǎn sìshíwǔ fēn(chà yí kè shí'èr diǎn) 十一点四十五分(差一刻十二点)

⑩ chà wǔ fēn yì diǎn 差五分一点

现在几点？

지금 몇 시입니까?

Xiànzài jǐ diǎn?   Sān diǎn bàn.

기본회화

A : 现在几点？

지금 몇 시입니까?

B : 三点半。

3시 반입니다.

1 

A : Nǐ měitiān jǐ diǎn shàng kè?

B : Shàngwǔ bā diǎn sìshíwǔ
(fēn).

A : 你每天几点上课？

B : 上午八点四十五(分)。

A : 당신은 매일 몇 시에 수업을 시작합니까?

B : 오전 8시 45분입니다.

2

A : Nà, xià kè ne?

B : Xiàwǔ wǔ diǎn bàn.

A : 那，下课呢？

B : 下午五点半。

A : 그럼 언제 끝납니까?

B : 오후 5시 30분입니다.

1. Yì nián yǒu jǐ ge jìjié?

2. Yì nián yǒu duōshao ge yuè?

3. Yí ge xīngqī yǒu jǐ tiān?

4. Yì tiān yǒu duōshao xiǎoshí?

5. Yì xiǎoshí yǒu duōshao fēn?

6. Nǐ yǒu jǐ ge Zhōngguó péngyou?

7. Nǐ yǒu jǐ zhī gāngbǐ?

8. Nǐmen bān yǒu duōshao xuésheng?

9. Tā èr líng líng yì nián qí yuè sān hào xiàwǔ
   chà shíwǔ fēn sì diǎn dào Běijīng.

✱ '시간'과 '시'의 차이

시간(小时 xiǎoshí)은 범위를 '시(时 shí)'는 한 지점을 나타냅니다. 시간은 钟头 (zhōngtóu)로 쓰기도 합니다. 주의할 점은 시간은 범위를 나타내므로 앞에 양사와 같이 쓰인다는 점입니다. 이 때의 양사는 个(gè)가 됩니다.

✱ 양사(量词)

중국어의 특징 중의 하나입니다. 사물을 셀때, 즉 수량을 표시할 때 반드시 써야 하는 단위 입니다. 위치는 수사 뒤에 두면 됩니다.

한 사람 : 一个人 yí gè rén   한 시간 : 一个小时 yí gè ǔ xiǎoshí

해석

1. 一年有几个季节？　　1년에 몇 계절이 있습니까?

2. 一年有多少月？　　1년에 몇 달이 있습니까?

3. 一个星期有几天？　　1주일에 며칠이 있습니까?

4. 一天有多少小时？　　하루에 몇 시간이 있습니까?

5. 一小时有多少分？　　1시간은 몇 분입니까?

6. 你有几个中国朋友？　　당신은 몇 명의 중국 친구가 있습니까?

7. 你有几支钢笔？

　　당신은 몇 자루의 만년필을 가지고 있습니까?

8. 你们班有多少学生？

　　너희 반은 몇 명의 학생이 있니?

9. 他二〇〇一年七月三号下午差十五分四点到北京。

　　그는 2001년 7월 3일 오후 15분 전 4시에 북경에 도착한다.

보충 단어

几 jǐ 몇, 얼마나, 10이하의 수를 물을 때

多少 duōshao 몇, 얼마나, 10이상의 수를 물을 때

钢笔 gāngbǐ 만년필

班 bān 반

● 대화를 듣고 중국어로 써 봅시다.

A :

B :

A :

B :

말해 볼까요

● 그림을 보고 중국어로 말해 봅시다.

① 

② 

③ 

대화

❶ A : 现在几点？
  B : 一点一刻。

❷ A : 爸爸，现在几点？
  B : 两点半。

❸ A : 妈妈，现在几点？
  B : 三点四十五分。

들어 볼까요 - 듣기 대본

① A : 你每天几点上课？
   B : 上午八点四十五分。

② A : 那，下课呢？
   B : 下午五点半。

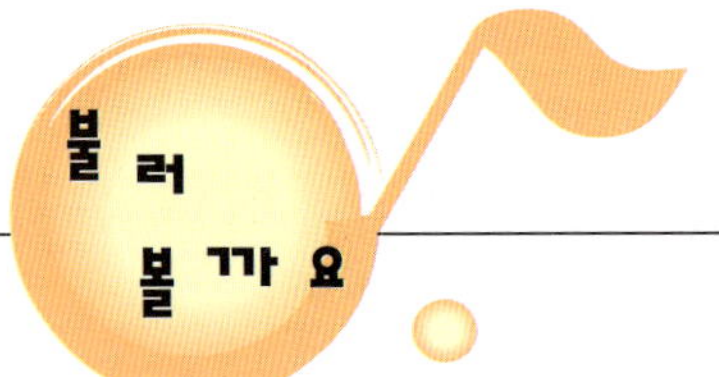

绕口令 ràokǒulìng

白石塔

Bái shí tǎ,

白石塔, 白石搭,
Bái shí tǎ, bái shí dā,

白石搭白塔,
bái shí dā bái tǎ,

白塔白石搭,
bái tǎ bái shí dā,

搭好白石塔,
dā hǎo bái shí tǎ,

白塔白又大。
bái tǎ bái yòu dà.

하얀 돌탑

하얀 돌탑, 하얀 돌로 쌓고,

하얀 돌로 쌓은 하얀 탑,

하얀 탑은 하얀 돌로 쌓았네,

다 쌓은 하얀 돌탑,

하얀 탑은 희고도 크네.

태극권(太极拳)

북경의 이른 아침 공원이나 빈터에서 흔히 볼 수 있는 광경으로 태극권(太极拳 tàijíquán)을 들 수가 있다. 태극권은 송나라 말 사람인 장삼봉(张三峰) 또는 명나라 진씨성(陈氏姓) 일족(一族) 사이에서 유래하였다는 중국 권법(拳法)의 하나인데 창안한 근본 목적은 병을 다스리고 건강을 유지시키는 데 있었다. 움직임이 유연하고도 완만한 태극권은 마치 우리의 고전 무용을 보는 것과 같은 느낌을 준다.

● 태극권의 격투법

钟 | 钟 钟 | ノ ト ヒ 乍 车 钅 钌 钟   zhōng

点 | 点 点 | ト ト ト 占 占 点 点   diǎn

差 | 差 差 | ソ ソ 兰 关 差 差 差   chā

个 | 个 个 | ノ 人 个   ge

几 | 几 几 | ノ 几   jǐ

半 | 半 半 | ヽ ヽ ソ 兰 半   bàn

来 | 来 来 | 一 ㇕ 口 コ 平 来 来   lái

去 | 去 去 | 一 十 土 去 去   qù

날씨에 대해서 알아볼까요?

그림으로 낱말을 익혀 볼까요?

Xuéxí Shēngcí

① 

② 

③ 

④ 

⑤ 

⑥

① tàiyáng 太阳	② yuèliang 月亮	③ xià yǔ 下雨
④ yǔsǎn 雨伞	⑤ xuěrén 雪人	⑥ xià xuě 下雪

天 气

날씨

Tiānqì zěnmeyàng?　　　Tiānqì hěn hǎo.

기본회화

A : 天气怎么样？

날씨가 어떻습니까?

B : 天气很好。

날씨가 매우 좋습니다.

1

A : Jīntiān tiānqì zěnmeyàng?
B : Jīntiān yīntiān.

A : 今天天气怎么样？
B : 今天阴天。

A : 오늘 날씨가 어떻습니까?
B : 날이 흐립니다.

2

A : Búshì! Yǐjing kāishǐ xià yǔ le.
B : Zhēn de ma?

A : 不是！已经开始下雨了。
B : 真的吗？

A : 아닙니다. 벌써 비가 내리는데요.
B : 정말입니까?

1. *1.* Zuótiān shì qíngtiān.

2. *2.* Jīntiān shì yīntiān.

3. *3.* Jīntiān xià yǔ le.

4. *4.* Dōngtiān chángcháng xià xuě.

5. *5.* Jīntiān de qìwēn duōshao dù?

6. *6.* Xià dà yǔ zhī qián, chángcháng yǒu shǎn diàn.

7. *7.* Běijīng de dōngtiān jīngcháng guā fēng.

8. *8.* Chūntiān nuǎnhuo, xiàtiān rè, qiūtiān liángkuai,
   dōngtiān lěng.

✱ 보충 설명

常常과 经常은 부사로서 거의 비슷한 의미로 쓰이며 동사 앞에 놓입니다.

bù tóng shuōfǎ

해석

1. 昨天是晴天。　　어제는 맑은 날이었다.

2. 今天是阴天。　　오늘은 흐린 날이다.

3. 今天下雨了。　　오늘은 비가 내렸다.

4 冬天常常下雪。　겨울에는 늘 눈이 내린다.

5. 今天的气温多少度？　오늘의 기온은 몇 도입니까?

6. 下大雨之前, 常常有闪电。

큰 비가 내리기 전에는 항상 번개가 친다.

7. 北京的冬天经常刮风。

북경의 봄은 늘 바람이 분다.

8. 春天暖和, 夏天热, 秋天凉快, 冬天冷。

봄은 따뜻하고, 여름은 덥고, 가을은 선선하고, 겨울은 춥습니다.

보충 단어

气温 qìwēn 기온	常常 chángcháng 늘, 자주
经常 jīngcháng 늘, 자주	闪电 shǎn diàn 번개 치다
刮风 guā fēng 바람 불다	

● 대화를 듣고 중국어로 써 봅시다.

A :

B :

A :

B :

말해 볼까요

● 그림을 보고 중국어로 말해 봅시다.

대화

① 今天天气怎么样？
② 今天阴天。
③ 今天晴天。
④ 刮风。
⑤ 下雨。
⑥ 冷。

들어 볼까요 - 듣기 대본

① A : 今天天气怎么样？
　 B : 今天阴天。

② A : 不是! 已经开始下雨了。
　 B : 真的吗？

Chàng

瓦打马
Wǎ dǎ mǎ

瓦打马，
Wǎ dǎ mǎ,

马踏瓦，
mǎ tà wǎ,

瓦打坏马，
wǎ dǎ huài mǎ,

马踏碎瓦。
mǎ tà suì wǎ.

기와가 말을 때리다

기와는 말을 때리고,
말은 기와를 밟네,
기와는 말을 때려 다치게 하고,
말은 기와를 밟아 부수네.

중국의 민족 구성

중국은 56개 민족이 함께 생활하는 다민족 국가이다. 그 중에는 한족(汉族 Hànzú)이 가장 많아서 전체 인구의 약 94% 이상을 차지한다. 나머지 6%는 장족(壮族 Zhuàngzú), 만족(满族 Mǎnzú), 회족(回族 Huízú), 묘족(苗族 Miáozú), 위구르족(维吾尔族 Wéiwúěrzú), 몽고족(蒙古族 Ménggǔzú), 조선족(朝鲜族 Cháoxiānzú) 등 소수민족들이 차지하고 있다.

한족은 독자적인 문화를 창조, 발전시켜 오면서 또한 다른 민족들과도 잘 화합하여 왔지요.

물론 다른 소수 민족들도 대부분 그들만의 문화와 전통을 유지하고 발전시켜 나가고 있다.

● 중국의 여러 소수민족

만족(满族)

회족(回族)

몽고족(蒙古族)

흘로족(仡佬族)

위구르족(维吾尔族)

장족(壮族)

묘족(苗族)

납서족(纳西族)

天　天　天
一二于天　　tiān

风　风　风
丿几风风　　fēng

刮　刮　刮
一二干千舌刮刮　guā

雨　雨　雨
一冂雨雨雨雨雨　yǔ

云　云　云
一二云云　　yún

雪　雪　雪
一雨雪雪雪雪雪　xuě

冷　冷　冷
丶冫冷冷冷冷冷　lěng

热　热　热
一十才打执执热　rè

전화는 어떻게 할까요?

그림으로 낱말을 익혀 볼까요?

① 

② 

③

④ 

⑤ 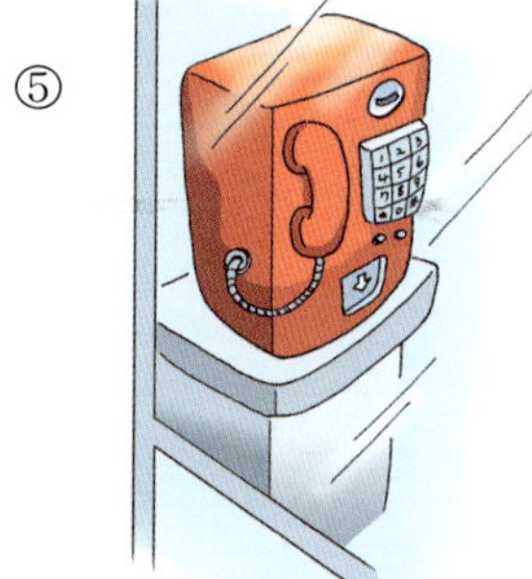

⑥ 

⑦ 

⑧ 

⑨ 

① wéi 喂　　② shéi 谁　　③ shǒujī 手机　　④ dǎ diànhuà 打电话

⑤ gōngyòng diànhuà 公用电话　　⑥ zǒngjī 总机　　⑦ zhànxiàn 占线

⑧ diànhuà hàomǎ 电话号码　　⑨ guà diànhuà 挂电话

打电话

Wéi,
shì Wáng lǎoshī jiā ma?

Shì, duìbuqǐ,
tā xiànzài búzài.

기본회화

A : 喂,是王老师家吗？

여보세요, 왕 선생님 댁인가요?

B : 是,对不起,他现在不在。

맞습니다만, 미안합니다. 선생님은 지금 안 계십니다.

1

A : Wéi, shì Dàhán Gāozhōng ma?

B : Shì a, nín zhǎo nǎ yí wèi?

A : 喂, 是大韩高中吗？

B : 是啊, 您找哪一位？

A : 여보세요, 대한고등학교입니까?

B : 예, 누구를 찾으시는데요?

2

A : Qǐng Wáng lǎoshī jiē diànhuà.

B : Wéi, wǒ jiù shì.

A : 请王老师接电话。

B : 喂, 我就是。

A : 왕 선생님을 바꿔주십시오.

B : 여보세요, 접니다.

1. *Wéi, shì Jīn xiānsheng jiā ma?*

2. *Wéi, nǐ nàli shì sān liù wǔ èr yāo bā jiǔ ma?*

3. *Wǒ zhǎo xiǎo Lǐ.*

4. *Duì bu qǐ, qǐng zài shuō yí biàn.*

5. *Bàoqiàn, wǒ dǎ cuò le.*

6. *Qǐng zhuǎn sān líng wǔ fēnjī.*

7. *Māma, lái diànhuà le.*

8. *Yào bu yào liú yán?*

9. *Qǐng zhuǎngào tā.*

10. *Qǐng wèn, gōngyòng diànhuà zài nǎr?*

✽ 보충 설명

· 喂 : 喂는 사전에는 4성 [wèi]로 되어 있으나 전화를 거는 실제 상황에서는 대부분 2성 [wéi]로 말합니다.

· 一 : 一[yī]는 대부분의 경우 [yī]로 말하지만, 전화번호 등에서는 一[yī]가 중복될 경우 [yī yī]와 7과의 혼동[qī yī]을 막기 위해 [yāo]로 말합니다.

해석

1. 喂, 是金先生家吗?	여보세요, 김 선생 댁입니까?
2. 喂, 你那里是365-2189吗?	여보세요, 그곳이 365-2189입니까?
3. 我找小李。	저는 이 군을 찾는데요.
4. 对不起, 请再说一遍。	죄송합니다, 다시 한번 말씀해 주세요.
5. 抱歉, 我打错了。	미안합니다, 제가 잘못 걸었습니다.
6. 请转305分机。	305번을 바꿔주십시오.
7. 妈妈, 来电话了。	엄마, 전화왔어요.
8. 要不要留言?	메모 남기시렵니까?
9. 请转告他。	그 사람에게 말씀 전해주세요.
10. 请问, 公用电话在哪儿?	실례하지만, 공중전화가 어디 있나요?

보충 단어

找 zhǎo 찾다	打错了 dǎ cuò le 잘못 걸다
转 zhuǎn 바꾸다, 전하다	转告 zhuǎngào 전달하다
留言 liúyán 메모, 전언	

들어볼까요

대화를 듣고 중국어로 써 봅시다.

A :

B :

A :

B :

말해 볼까요

● 그림을 보고 중국어로 말해 봅시다.

①

③

②

④

대화

❶ 您找谁？

❷ 请再说一遍。

❸ 来电话了。

❹ 要不要留言？

① A : 喂，是大韩高中吗？
　 B : 是啊，您找哪一位？

② A : 请王老师接电话。
　 B : 喂，我就是。

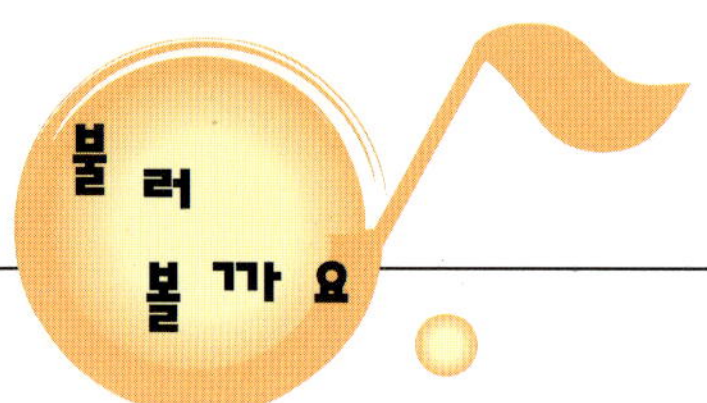

中国民歌 Zhōngguó míngē

高山青

Gāoshān qīng

高山青 涧水蓝，
Gāoshān qīng jiànshuǐ lán,

阿里山的姑娘美如水呀，阿里山的少年壮如山。
Ālǐshān de gūniang měi rú shuǐ ya, Ālǐshān de shàonián zhuàng rú shān.

阿…
a~

阿里山的姑娘美如水呀，阿里山的少年壮如山。
Ālǐshān de gūniang měi rú shuǐ ya, Ālǐshān de shàonián zhuàng rú shān.

阿…
a~

姑娘和那少年永不分呀，碧水长围着青山转。
Gūniang hé nà shàonián yǒng bù fēn ya, bìshuǐ cháng wéi zhe

qīngshān zhuàn.

높은 산은 푸르네

높은 산은 푸르고 계곡 물은 파랗네.

아리산의 아가씨는 물처럼 아름답고, 아리산의 소년은 산처럼 건강하네.

아~

아리산의 아가씨는 물처럼 아름답고, 아리산의 소년은 산처럼 건강하네.

아~

아가씨와 그 소년은 영원히 나뉘지 않으리.

파란 물은 늘 푸른 산을 끼고 흐르네.

涧 jiàn 물이 흐르는 골짜기

姑娘 gūniang 아가씨

如 rú ~와 같다

壮 zhuàng 튼튼하다, 건장하다

长 cháng 항상, 영원히, 길다, 뛰어나다

蓝 lán 남색, 파란색

围 wéi 둘러싸다, 에워싸다

전화 걸기

1. 국내 전화(国内电话 guónèi diànhuà)

베이징 같은 대도시에서는 동전이나 카드를 사용하는 공중전화가 증가하는 추세이지만, 그 외의 지방 도시나 변두리에서는 찾아볼 수 없다. 관리인이 있어 전화를 건 뒤에 지불하는 식의 공중전화가 대부분이다. 그러나 이런 공중전화도 거리에서 쉽게 찾아보기는 드물기 때문에 호텔이나 대형 음식점에서 이용하는 것이 좋다.

시내 통화는 호텔의 객실에서 걸 경우 외선번호를 누른 뒤에 상대방 전화번호를 누르면 통화할 수 있다. 호텔에 따라서는 무료인 곳도 있고 1元의 요금을 받는 곳도 있다.

장거리 전화국에서도 걸 수 있다. 장거리 전화국에서는 창구에 1角을 내고 신청서를 작성한 뒤 전화 사용 보증금(押金 yājīn)을 내고 통화한다. 통화가 끝나면 보증금에서 전화 사용료를 제하고 거스름돈을 내준다.

2. 국제전화(国际电话 guójì diànhuà)

대도시의 호텔(饭店 fàndiàn) 객실에서는 직접 국제 전화가 가능하다. 그러나 지방 도시나 초대소, 규모가 작은 호텔 등에서는 직접 거는 것은 어렵고 프런트(服务台 fúwùtái)에 신청해야 한다. 장거리 전화국에서도 국제 통화가 가능한데 요금은 1분간 12.1元 정도이며 콜렉트 콜로도 전화할 수 있다.

●중국에서 한국으로 직통전화 걸기

00(국가 인식번호)-한국의 국가번호(82)-0을 제외한 지역번호-걸고자 하는 곳의 전화번호 순으로 누르면 된다. 서울의 123-4567로 걸려고 한다면 00-82-2-123-4567을 누르면 된다. 단, 호텔에서 건다면 호텔의 외선번호를 먼저 누른 뒤에 이 번호를 누른다. 즉, 호텔의 외선번호→00→82→2→123-4567 순서. 호텔 전화의 경우 기본 전화요금에 호텔 서비스 요금이 10~15% 정도 추가된다.

●한국에서 중국으로 직통전화 걸기

(통신회사 번호)-중국 국가번호(86)-0을 제외한 지역번호-걸고자 하는 곳의 전화번호

순으로 누르면 된다. 중국의 전화는 모두 8자리이며 읽을 때는 단위를 붙이지 않고 하나하나 읽는다. 즉, 68905316:六(liù) 八(bā) 九(jiǔ) 零(líng) 五(wǔ) 三(sān) 一(yāo) 六(liù)처럼 읽어야 한다. 또한 대부분의 기관들이 대표전화에 내선전화를 연결하여 쓰기 때문에 연결이 되면 다시 원하는 내선번호를 알려주고 연결해 달라고 해야 한다. 이때 请转(qǐngzhuǎn)000(내선번호)라고 말한다.

● 콜렉트 콜로 전화 걸기(한국으로)

수신자부담 전화는 한국통신(108-821)과 데이콤(108-858) 두 가지 번호를 이용해 걸 수 있다. 호텔에서는 외선번호를 누르고 108-821를 누르면 '한국통신입니다' 하고 교환원이 받는다. 이때 수신자부담 전화임을 알리고 상대방 전화번호를 대면 잠시 후에 통화할 수 있다. 단, 상대방이 수신자부담을 승낙하지 않으면 통화가 되지 않는다. 이 전화는 중국 대도시 등지에서 볼 수 있는 공중전화를 통해서도 가능하다. 단, 수신자부담이라도 동전식이나 카드식 공중전화가 아니면 시내 공중전화 사용료 2角을 내야 한다.

전화 관련 단어

打电话 dǎ diànhuà 전화를 걸다
接电话 jiē diànhuà 전화를 받다
占线 zhànxiàn 통화중
这附近有没有公用电话?
Zhè fùjìn yǒu méiyǒu gōngyòng diànhuà?
이 부근에 공중전화가 있습니까?

电　电电　一口曰日电　diàn

话　话话　讠讠讠讠讠话话　huà

找　找找　一十才才找找找　zhǎo

挂　挂挂　一十才扑扑挂挂　guà

总　总总　丷丷口户总总总　zǒng

机　机机　一十才木机机　jī

错　错错　丿乍乍乍钅钅错错　cuò

转　转转　一士专车车转转　zhuǎn

천안문은 어떻게 가나요?

그림으로 낱말을 익혀 볼까요?

① 

② 

③ 

④ 

⑤ 

⑥ 

⑦ 

⑧ 

⑨ 

① lù 路　　② zǒulù 走路　　③ qǐngwèn 请问

④ yuǎn 远　　⑤ jìn 近　　⑥ zuò chē 坐车

⑦ dìtiězhàn 地铁站　　⑧ chūzūchē 出租车　　⑨ huǒchē 火车

问 路

길을 묻다

Qǐngwèn,
Tiān'ānmén zěnme zǒu?　　Yìzhí wǎng qián zǒu.

기본회화

A : 请问,天安门怎么走?

말씀 좀 묻겠습니다. 천안문은 어떻게 가지요?

B : 一直往前走。

앞으로 곧장 가십시오.

1

A : Qǐngwèn,

Zhōngguó Yínháng zài nǎr?

B : Dào shízì lùkǒu wǎng yòu guǎi.

A : 请问, 中国银行在哪儿?

B : 到十字路口往右拐。

A : 말씀 좀 묻겠는데요,

중국은행은 어디에 있나요?

B : 사거리에서 오른쪽으로 도세요.

2

A : Lí zhèr yuǎn ma?

B : Bù yuǎn,

zǒu wǔ fēn zhōng jiù dào le.

A : 离这儿远吗?

B : 不远, 走五分钟就到了。

A : 여기에서 멉니까?

B : 멀지 않아요,

오 분만 걸어기시면 됩니다.

1. Qǐngwèn, Dào Xīnhuá Shūdiàn zěnme zǒu?

2. Cóng zhèr dào dìtiězhàn zěnme zǒu?

3. Dào nàr duō yuǎn?

4. Láojià, zhè fùjìn yǒu yóujú ma?

5. Jiù zài xuéxiào duìmiànr.

6. Yào zuò gōnggòng qìchē ma?

7. Qī qī líng lù gōnggòng qìchē zài nǎr shàng chē ne?

8. Dào huǒchēzhàn xià chē.

9. Wǒ mí lù le.

10. Yào huàn chē ma?

11. Chéngkèmen, qǐng zhǔnbèi xià chē.

✽ 보충 설명

· 从~到~ : '~로부터 ~까지'의 의미입니다.

· 多 : '많다'는 뜻 외에도 의문문이나 감탄문에서 '얼마나'의 뜻으로 쓰입니다.

bù tóng shuōfǎ

해석

1. 请问, 到新华书店怎么走?
말씀 좀 묻겠는데요, 신화서점은 어떻게 가나요?

2. 从这儿到地铁站怎么走?
여기서부터 지하철역까지 어떻게 가나요?

3. 到那儿多远?　　거기까지 얼마나 멉니까?

4. 劳驾, 这附近有邮局吗?
실례합니다, 이 부근에 우체국이 있습니까?

5. 就在学校对面儿。　　바로 학교 맞은편입니다.

6. 要坐公共汽车吗?　　버스를 타야 하나요?

7. 770路公共汽车在哪儿上车呢?
770번 버스는 어디에서 타나요?

8. 到火车站下车。　　기차역에서 내리세요.

9. 我迷路了。　　저는 길을 잃었어요.

10. 要换车吗?　　차를 갈아타야 하나요?

11. 乘客们, 请准备下车。　　승객 여러분, 내릴 준비를 하십시오.

보충단어

邮局 yóujú 우체국　　　对面儿 duìmiànr 맞은편
公共汽车 gōnggòng qìchē 버스　　迷路 mí lù 길을 잃다
换 huàn 바꾸다

들어 볼까요

● 대화를 듣고 중국어로 써 봅시다.

A :

B :

A :

B :

● 그림을 보고 중국어로 말해 봅시다.

①

②

③

❶ A : 邮局怎么走?

　　B : 到十字路口往右拐。

❷ 能走着去吗?

❸ 我迷路了。

들어 볼까요 - 듣기 대본

① A : 请问,中国银行在哪儿?
　　B : 到十字路口往右拐。

② A : 离这儿远吗?
　　B : 不远,走五分钟就到了。

甜蜜蜜

Tiánmìmì

邓丽君

甜蜜蜜，你笑得甜蜜蜜，
Tiánmìmì, nǐ xiào de tiánmìmì,

好像花儿开在春风里，开在春风里。
hǎoxiàng huā ér kāi zài chūnfēngli, kāi zài chūnfēngli.

※在哪里在哪里见过你，
Zài nǎli zài nǎli jiàn guo nǐ,

你的笑容这样熟悉。
Nǐ de xiàoróng zhèyàng shúxī.

我一时想不起，啊！在梦里，
Wǒ yìshí xiǎng bu qǐ, ā! zài mèngli,

梦里，梦里见过你，
mèngli, mèngli jiàn guo nǐ,

甜蜜，笑得多甜蜜，
Tiánmì, xiào de duō tiánmì,

是你，是你，梦见的就是你。
shì nǐ, shì nǐ, mèng jiàn de jiù shì nǐ.

달콤하네요

달콤하네요, 당신이 웃는 게 달콤하네요.
마치 봄바람 속에 피어 있는 꽃 같군요, 봄바람 속에 말이에요.

어디선가, 어디선가 당신을 봤어요.
당신의 웃는 얼굴이 이렇게 낯이 익은데, 잠시 생각이 안 나네요.
아, 꿈에서에요 꿈속에서 당신을 보았어요.
당신이에요, 당신이에요, 꿈에서 본 게 바로 당신이에요.

甜蜜	tiánmì	달콤하다, 다정하다
好像	hǎoxiàng	마치 ~와 같다
笑容	xiàoróng	웃는 얼굴
熟悉	shúxī	익숙하다, 잘 알다
一时	yìshí	잠시, 얼른
梦里	mènglǐ	꿈에

请　请请
丶讠讠讠讠请请　qǐng

问　问问
丶冂门问问问　wèn

地　地地
一十土圡圤地　dì

铁　铁铁
丿𠂉钅钅铁铁铁　tiě

离　离离
一亠文卤离离离　lí

车　车车
一𠂇𢆶车　chē

拐　拐拐
一十扌扌扪拐拐　guǎi

远　远远
一二干元元远远　yuǎn

우리 몸에 대해 말해 봅시다.

그림으로 낱말을 익혀 볼까요?

Xuéxí Shēngcí

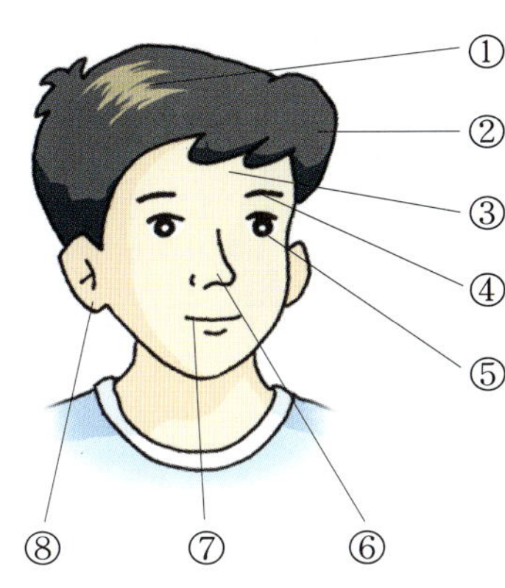

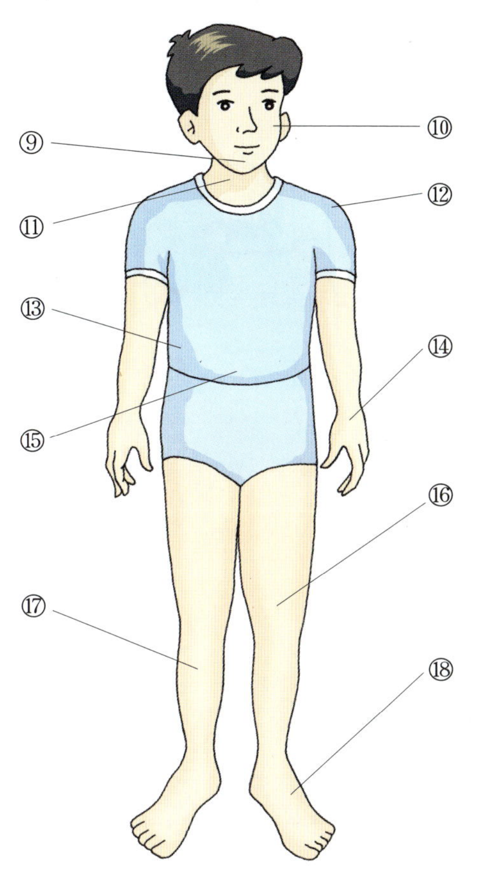

① tóu 头	② tóufa 头发	③ é 额	④ méimao 眉毛
⑤ yǎnjing 眼睛	⑥ bízi 鼻子	⑦ zuǐ 嘴	⑧ ěrduo 耳朵
⑨ xiàba 下巴	⑩ liǎn 脸	⑪ bózi 脖子	⑫ jiānbǎng 肩膀
⑬ yāo 腰	⑭ shǒu 手	⑮ dùzi 肚子	⑯ xīgài 膝盖
⑰ tuǐ 腿	⑱ jiǎo 脚		

身 体

Tā gèzi gāo bu gāo?　　　Bù gāo yě bù ǎi.

기본회화

A : 他个子高不高？

그는 키가 큽니까?

B : 不高也不矮。

크지도 작지도 않습니다.

A : Tā zhǎng de zěnmeyàng?
B : (Tā) tǐng piàoliang.

A：她长得怎么样？
B：(她)挺漂亮。

A：그 여자 어떻게 생겼습니까?
B：(그녀는) 아주 예쁩니다.

A : Tā duō gāo?
B : yì mǐ qī.

A：她多高？
B：一米七。

A：키는 얼마나 됩니까?
B：1미터 70센티입니다.

A : Duō zhòng ne?
B : Wǔshíwǔ gōngjīn.
A : Wā, zhēn miáotiao!

A：多重呢？
B：五十五公斤。
A：哇，真苗条!

A：몸무게는요?
B：55kg입니다.
A：와, 정말 날씬하군요!

1. Nǐ tài pàng le. Wǒ tài shòu le.

2. Wǒ shēngāo yì bǎi liùshíbā gōngfēn.

3. Pàngzi bú shì yì kǒu chī chu lai de.

4. Wèi le jiǎnféi, shǎo chī yìdiǎnr.

5. Shuā yá、shù kǒu、xǐ liǎn.

6. Tiāntian zuò jiànměi tǐcāo.

7. Nǐ nǎr bù shūfu?

8. Gǎnmào le, yǒu diǎnr fāshāo.

9. Qǐng duōduo bǎozhòng.

✱ 一点儿과 有点儿

　一点儿과 有点儿은 모두 우리말로 [약간, 조금]의 뜻을 가지고 있습니다. 그러나 사용법은 조금 다릅니다.

· 一点儿 : 대부분 형용사·동사 뒤에 쓰입니다.
　　　　吃一点儿　　　　会一点儿

· 有点儿 : 대부분 형용사·동사 앞에 쓰며, 뒤에 오는 단어의 뜻이 약간 부정적인
　　　　의미인 경우가 많습니다.
　　　　有点儿冷　　　　有点儿胖

bù tóng shuōfǎ

1. 你太胖了。我太瘦了。

   당신은 너무 뚱뚱합니다. 나는 너무 말랐습니다.

2. 我身高一百六十八公分。 저는 키가 1미터 68센티입니다.

3. 胖子不是一口吃出来的。

   뚱뚱이는 한입 먹어서 된 것이 아닙니다.

4. 为了减肥,少吃一点儿。　다이어트를 위해서, 조금만 드세요.

5. 刷牙、漱口、洗脸。　　　양치질하고, 입을 가시고, 세수를 합니다.

6. 天天做健美体操。　　　　날마다 에어로빅을 합니다.

7. 你哪儿不舒服?　　　　　어디가 불편하세요?

8. 感冒了,有点儿发烧。　　감기 걸려서, 열이 약간 납니다.

9. 请多多保重。　　　　　　몸조심 하십시오.

胖 pàng 뚱뚱하다	瘦 shòu 말랐다
减肥 jiǎnféi 살을 빼다	为了 wèi le ~을 위하여
天天 tiāntiān 날마다	

● 대화를 듣고 중국어로 써 봅시다.

A :

B :

A :

B :

● 그림을 보고 중국어로 말해 봅시다.

① 

③ 

② 

④ 

대화

❶ 她真苗条。

❷ 他个子高不高？

❸ 胖子不是一口吃出来的。

❹ 有点儿发烧。

들어 볼까요 – 듣기 대본

① A：她长得怎么样？
　 B：她挺漂亮。

② A：她多高？
　 B：一米七。

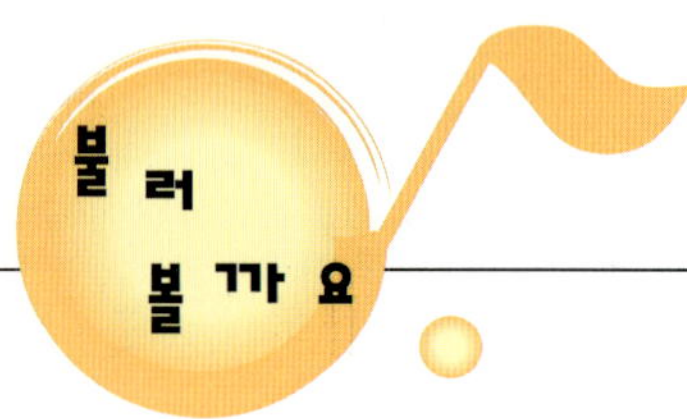

甜蜜的家庭

Tiánmì de jiātíng

我的家庭真可爱，整洁美满又安康。
Wǒ de jiātíng zhēn kě'ài, zhěngjié měimǎn yòu ānkāng.

姊妹兄弟很和气，父母都慈祥。
zǐmèi xiōngdì hěn héqì, fùmǔ dōu cíxiáng

虽然没有好花园，春兰秋桂常飘香。
Suīrán méiyǒu hǎo huāyuán, chūnlán qiūguì cháng piāo xiāng.

虽然没有大厅堂，冬天温暖夏天凉。
Suīrán méiyǒu dà tīngtáng, dōngtiān wēnnuǎn xiàtiān liáng.

可爱的家庭啊
kě'ài de jiātíng a.

我不能离开你，你的恩惠比天长。
Wǒ bù néng líkāi nǐ, nǐ de ēnhuì bǐ tiān cháng.

행복한 가정

우리 가정은 정말 사랑스러워요. 깨끗하고 원만하며 또 평안하지요.

형제 자매들은 화목하고 부모님은 자상하지요.

비록 좋은 화원은 없지만 춘란과 추계(가을 계피)가 늘 향기로와요.

비록 넓고 큰 방은 없지만 겨울엔 따뜻하고 여름엔 시원하지요.

사랑스런 가정이여

나는 널 떠날 수가 없단다.

너의 은혜는 하늘보다 더하구나.

家庭 jiātíng 가정

可爱 kě'ài 사랑스럽다

整洁 zhěngjié 단정하고 깨끗하다, 말끔하다

美满 měimǎn 아름답고 원만하다

安康 ānkāng 평안과 건강

和气 héqì 화목하다

慈祥 cíxiáng 자상하다, 인자하다

虽然 suīrán 비록

飘 piāo 흩날리다

厅堂 tīngtáng 대청, 크고 넓은 방

温暖 wēnnuǎn 따뜻하다

凉 liáng 서늘하다

离开 líkāi 떠나다

恩惠 ēnhuì 은혜

比 bǐ ~보다

矮　矮　矮
㇐ ㇑ ㇏ ㇐ 矢 矢 矩 矮 矮 矮　ǎi

漂　漂　漂
氵 沪 沪 沪 漂 漂 漂　piào

亮　亮　亮
亠 亠 古 古 高 亭 亮　liàng

胖　胖　胖
丿 刀 月 肝 肸 胖 胖　pàng

减　减　减
冫 冫 冴 咸 减 减 减　jiǎn

肥　肥　肥
丿 刀 月 肌 胛 肥 肥　féi

洗　洗　洗
氵 氵 汇 汼 洗 洗 洗 洗　xǐ

发　发　发
㇄ 丈 为 发 发　fā, fà

집필자	이종민(평택고)	이영미(부흥고)	박용호(동원고)	나현선(수지고)
	손용태(삼광고)	김경아(원종고)	이훈술(문산고)	서승렬(계남고)
	임성옥(의정부여고)			

감수	김　뢰(일산동고 원어민 교사)	곡　방(산본고 원어민 교사)
	오립홍(원종고 원어민 교사)	우해빈(분당 중앙고 원어민 교사)
	허정애(수성고 원어민 교사)	

북경 신나는 중국어 ①

지은이	한국경기중등 중국어교육연구회
펴낸이	박해성
펴낸곳	정진출판사

초판　1쇄 발행 2001년 5월 10일
　　　 8쇄 발행 2003년 4월 15일

주　소	136-152 서울시 성북구 석관2동 341-48호
전　화	(02)969-8561(代)　FAX　(02)969-8592
E-mail	JJ1461@chollian.net
Homepage	www.jeongjinpub.co.kr
등록일	1989.12.20　　등록번호　제 6-95 호
ISBN	89-85375-81-4　　89-85375-80-6(전 2 권)

· 가격은 듣기 테이프 포함 가격입니다.

· 무단 표절, 전재를 금합니다.

정 가　8,500 원

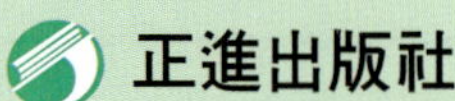
正進出版社

교재문의 **Tel.** 02)918-2789,2790 **FAX.** 02)912-1461 인터넷 www.jeongjinpub.co.kr

정진출판사 중국어 교재 안내

수학능력시험 대비

2002 수능대비 중국어문제

고등학교 중국어 지도교사 12명이 현장에서 터득한 경험을 바탕으로 철저한 연구와 분석을 통해 최신 출제경향과 2001년 수능기출문제를 수록한 문제집

- 한국경기중등 중국어교육연구회 編
- 4 × 6 배판 214 면

수능 중국어 만점 전략

2002 적중 수능 중국어 실전 모의고사

다양한 실용 회화문을 문제화한, 출제영역 및 지침에 따른 맞춤 문제집. 10회 분량의 실전 모의고사와 2001 대입 수능 기출문제 수록

- 한국경기중등 중국어교육연구회 編
- 8 절   94 면

중국어와 더 가까와지기 위한

중국어 간체자쓰기교본

중국어 초학자들을 위해 중국 한어수평고시 위원회가 선정한 1,2급 상용한자의 간체자와 고등학교 필수 간체자를 수록

- 편집부 編
- 4 × 6 배판 144 편

혼자서 배우고 익히는 초보중의 왕초보 중국어

21 세기 신경향 중국어첫걸음

초보 학습자의 눈높이에 맞추어 기초표현을 손쉽게 익히는 데 주안점을 두고, 꼭 필요한 내용을 반복하여 연습하고 재차 삼차 확인하고 지나가는 완전학습의 방법을 강화한 신경향 중국어첫걸음 교재

- 박신영 著
- 4 × 6 배판 232 면 / 카세트(TAPE 3개), 별책부록 포함

혼자배우는 中國語

학원 갈 시간이 없는 분들을 위해 기초과정인 발음부터 시작, 간단한 어휘를 공부하고 점차 기본적인 문장을 스스로 습득하게 한 완전기초 교본

- 서명제 著
- 신국판 256 면 / 카세트(TAPE 3개) 별매

혼자배우는 中國語會話

중국여행을 떠나기 전 짧은 시간 안에 생활 중국어를 익히거나, 여행중에 현장에서 즉석으로 활용할 수 있도록 꾸민 완전기초 회화집

- 서명제 著
- 신국판 256 면 / 카세트(TAPE 3개) 별매

나도 중국말을 쬐끔 한다니까요

중국어를 처음 배우는 사람들을 위해 쉬운 단어와 필수적인 문장들을 정선하여 가장 쉽고 재미있게 엮은 초보중의 초보 교재

- 김낙철 著
- 신국판 200 면 / 저자 강의카세트(TAPE 3개) 포함

동화상자 속의 중국어

기존의 형식을 탈피하여 한자보다는 중국어 발음기호(한어병음)를 먼저 제시하여 소리만 듣고도 의미를 파악할 수 있게 만든 새로운 형식의 교재

- 조대형 著
- 신국판 296 면 / 해설카세트(TAPE 3개) 포함

재미있는 문장으로 배우는 中國語

중국어 기초과정을 마친 학습자들이 더욱 폭넓게 중국어를 배울 수 있도록 중국의 고전적 명작, 고사성어, 신화, 전설 등에서 재미있는 이야기만을 발췌하여 엮은 중급 교본

- 大川完三郎 著 / 김낙철 編譯
- 신국판 256 면 / 카세트(TAPE 3개) 별매